Vitraux lotois

Du même auteur*

Romans

Le Roman de la Révolution Numérique
Ils ne sont pas intervenus (le livre des conséquences)
Le roman du show-biz et de la sagesse
Quand les familles sans toit sont entrées dans les maisons fermées
Liberté j'ignorais tant de Toi
Viré, viré, viré, même viré du Rmi !

Théâtre

Neuf femmes et la star
Les secrets de maître Pierre, notaire de campagne
Ça magouille aux assurances
Chanteur, écrivain : même cirque
Deux sœurs et un contrôle fiscal
Pourquoi est-il venu ?
Aventures d'écrivains régionaux
Avant les élections présidentielles
Scènes de campagne, scènes du Quercy
Blaise Pascal serait webmaster
Trois femmes et un Amour
J'avais 25 ans
Le petit empereur veut fusionner les villages
La fille aux 200 doudous

Essais

Les villages doivent disparaître !
Comment devenir écrivain ? Être écrivain !
La grange de Montcuq était une chapelle du XIIIe siècle

* extrait du catalogue, voir page www.ternoise.net

Stéphane Ternoise

Vitraux lotois

Jean-Luc Petit éditeur - Collection Lot

L'auteur versant lotois :

http://www.lotois.fr

Tout simplement et logiquement !

Tous droits de traduction, de reproduction, d'utilisation, d'interprétation et d'adaptation réservés pour tous pays, pour toutes planètes, pour tous univers.

Site officiel : http://www.ecrivain.pro

© Jean-Luc PETIT - BP 17 - 46800 Montcuq – France

Vitraux lotois

De l'église des Junies et ses vitraux du quatorzième siècle (commandés par la famille de Jean) à ceux de la Cathédrale St Étienne de Cahors (payés par l'état français) au début du troisième millénaire : des verrières anonymes et celles permettant d'apprécier, retrouver d'édifice en édifice, le travail, la technique, d'un maître-verrier : Joseph Villiet, son successeur Henri Feur, l'un de ses plus talentueux élèves Gustave-Pierre Dagrant, Louis Victor Gesta (et ses fils, Louis et Henri), Saint Blancat, soit les cinq ateliers les plus représentés dans notre département. Mais également Jean Besseyrias, Jean Gibert, les frères Mauméjean, Charles Champigneulle, Charlemagne, Charles Lorin, Francis Chigot, Joseph Broué, Amédée Berges, J. Lacoste, les frères Périé, Étienne Thevenot, nos contemporains Gérard Collin-Thiébaut et Alain Creunier.

Fermés le plus souvent, nos "lieux de culte" invitent peu à l'attention de leur patrimoine et les documents des "organismes officiels" se limitent aux indications sur leur histoire, de préférence ceux d'origine moyenâgeuse et inscrits aux Monuments Historiques.

Quant aux vitraux ? Indépendamment de l'intérêt religieux, il s'agit d'œuvres picturales... à entretenir. Une charge insoutenable pour de nombreux propriétaires, des municipalités elles-mêmes condamnées par le rouleau compresseur d'un pays tourné vers l'urbain...
Ce livre vous incite à regarder ! Il constitue la

deuxième étape du portail www.vitraux.info, après "*La route lotoise G.P Dagrant*" (31 communes)

Fin 2015, j'ai eu envie de vous offrir ce témoignage. À une époque charnière...

Qui se soucie des vitraux ? Qui se soucie "du vieux monde", où la ruralité se range au musée, naturellement un « *attrait touristique.* » Combien d'églises seront abandonnées ou vendues quand la vague des communes nouvelles aura saboté tout lien entre le "centre de décision" et le monde rural, nos paroisses, que les Révolutionnaires avaient eu l'intelligence de transformer en communes ? Ils voulaient que personne ne soit oublié dans la République...

"Les choses" disparaissent également quand presque plus personne ne leur accorde un minimum d'attention. Il en va des vitraux comme des gariottes, murets en pierres sèches, lavoirs, vieilles tombes... Comme de nombreuses époques, malgré de colossaux budgets parfois "débloqués" nous semblons vouloir passer à autre chose... "Nous" choisissons notre patrimoine.

Dans ce choix imposé par une élite autoproclamée, des livres peuvent mettre en lumière des éléments oubliés des politiques patrimoniales ?

Le travail de l'écrivain, c'est également cela : regarder ce qui ne se regarde (presque) plus.

Ensuite, un minimum de visibilité est nécessaire à l'éditeur, pour faire vivre un livre. L'acheter est également un acte militant. Et surtout, en parler ensuite...

Stéphane Ternoise
http://www.lotois.fr

La Fuite en Égypte... Par Henri Feur, en 1883, à Figeac. Une représentation fréquente dans les églises : en Palestine, le roi Hérode Ier, ayant appris, par les mages venus d'Orient, la naissance à Bethléem du *"roi des Juifs"*, ordonne de massacrer tous les enfants de moins de deux ans...

Lalbenque : les frères Mauméjean. Les Mauméjean : une dynastie de maîtres-verriers, éteinte au milieu du XXe siècle. Joseph né à Dax en 1809, peintre sur faïence, à l'origine de la lignée. Jules Pierre (1837-1909) peintre et maître verrier. Joseph Jules Edmond, dit José (1869-1952), peintre et maître verrier...

Mais Joseph fut prévenu... par un songe. Et il s'enfuit avec l'enfant Jésus et sa mère Marie en Égypte...
En l'église Saint-Sauveur de Figeac, avant le vitrail d'Henri Feur de la chapelle Notre-Dame-de-Pitié, Joseph Villiet, en 1872, avait déjà réalisé cette scène.

Joseph et Marie souhaitaient rester avec leur fils en Égypte, jusqu'à la mort d'Hérode... Mais le fils d'Hérode, Archélaüs, régnant sur la Judée à la suite de son père, la famille gagne Nazareth, en Galilée.

Dagrant, en 1890, dote l'église de St Félix, récemment absorbée par la commune de Montcuq, de ces quatre personnages.
Même une photo permet de juger la qualité du travail... et il y a le vieillissement, des couleurs, des fils de plomb indispensables à la tenue de l'œuvre... Un vitrail, ça se restaure régulièrement... Une fois par siècle au moins...

Qui a réalisé cette rosace de "*la chapelle*", à Figeac, à côté du "*pensionnat de la Sainte Famille*" ?

Elle était fermée à chacun de mes passages, et personne à qui en demander l'ouverture. Les vitraux peuvent également s'admirer de l'extérieur... Quand ils ne sont pas protégés, ils peuvent tenter des mains aux cailloux vengeurs ou insouciants...

Qui a fait quoi ? La signature…

Parfois, c'est écrit dessus ! De manière lisible.

D suivi d'une date, c'est également Dagrant.

Joseph Villiet.

Henri Feur.

La signature semble s'être répandue dans la deuxième moitié du dix-neuvième siècle...

Parfois, c'était écrit, mais ça ne se voit plus... Partie brisée, effacée ou masquée par des éléments divers...
Aucun maître-verrier ne grave systématiquement l'ensemble de ses travaux, surtout quand il réalise toutes les verrières d'une église... Cent ans plus tard, le vitrail signé peut avoir été emporté, par le vent, les cailloux des enfants...

Par rapprochement avec d'autres églises, on peut résoudre des énigmes, comme à Cahors... personne avant ne s'étant vraiment penché sur le sujet, le « *on ne sait pas* » m'apparaissant surprenant...

Joseph Villiet

Cathédrale St Étienne de Cahors, 1872

Église Saint-Sauveur de Figeac, 1872

Église Saint-Sauveur de Figeac, 1872

Né à Ébreuil (Allier) le 27 août 1823, mort à Bordeaux le 9 juillet 1877. Fils d'Amable Villiet, secrétaire général de la sous-préfecture de Gannat. Après des études au collège de Gannat, il s'oriente, en 1841 vers la profession de peintre-verrier, entrant dans l'atelier d'Émile Thibaud et d'Étienne Thevenot, à Clermont-Ferrand. En 1842, Émile Thibaud lui confie la réalisation des vitraux de l'église de Gannat. Et en 1844, la direction de son atelier. En juillet 1852 Joseph Villiet part pour Bordeaux, y créer son atelier, avec une recommandation de l'évêque de Clermont, Louis-Charles Féron, pour Mgr Donnet.
La guerre de 1870 diminue naturellement le nombre des commandes... et il ne verra pas le "boom fin de siècle". Henri Feur, son contremaître puis collaborateur principal, lui succède, d'abord en association avec sa veuve. 1872 fut son année lotoise...

Henri Feur

Mercuès, 1888

Mercuès, 1888

Une particularité, une "inutile anecdote"... mais la vie, l'information, se retient également avec ces sourires... Il s'agit de l'unique vitrail vu... avec la signature à l'envers. Henri Feur a signé du mauvais côté ! Il n'allait quand même pas tout recommencer...

Henri Feur, né et mort à Bordeaux, le 18 juillet 1837 puis le 18 mai 1926. Presque 89 ans !

Ses parents vivaient au 171 rue de Pessac, et il est entré comme apprenti dans l'atelier de Joseph Villiet... Il en devint le contremaître en 1866, posant les vitraux de l'église locale Saint-Ferdinand.

Il épouse le 21 mars 1868 Marie Bazanac et réside chez ses beaux-parents, rue Saint-François.

À la mort de Joseph Villiet, en 1877, il reprend son atelier en signant avec sa veuve et ses enfants un contrat le déclarant « *propriétaire du nom, des cartons, des ustensiles et des documents nécessaires à la peinture sur verre.* »

Soturac, 1892

Soturac, 1892

Soturac, 1892

Figeac, 1883, église Saint-Sauveur (chapelle Notre-Dame-de-Pitié)

Le style d'Henri Feur le distingue de ses confrères : le fond bleu parfois uni mais le plus souvent paysager, des bouquets de fleurs et même des oiseaux, la multiplication des détails dans les visages et les habits.

En 1878, il installe son atelier au 66 rue Saint-Jacques. Et la concurrence devint plus vive... par exemple avec Gustave Pierre Dagrant, également élève de Villiet, dont l'atelier deviendra l'un des plus importants du sud-ouest, ou le toulousain Louis-Victor Gesta, les deux maîtres-verriers dont les œuvres sont les plus nombreuses dans notre département. Pour admirer d'autres Feur, quelques kilomètres après "la frontière" suffisent : Montaigu de Quercy en Tarn-et-Garonne, ou Fumel en Lot-et-Garonne...

Son fils, Marcel (9 janvier 1872 - 28 septembre 1934), reprend l'atelier en 1908. Mais ne semble pas avoir travaillé dans le Lot...

Figeac, 1883, comme à Mercuès, la *présentation de Marie au Temple.* Mais avec quelques détails admirables.

Gustave Pierre Dagrant

Concots, *la Présentation de Marie au Temple*

La tradition catholique représente la Vierge accompagnée de ses parents dans le Temple de Jérusalem... Dagrant, peintre, maître-verrier, né et décédé à Bordeaux, les 13 septembre 1839 et 21 décembre 1915, fut également l'élève de Joseph Villiet... La parenté est manifeste...

Son contrat de mariage du 1er octobre 1863 le présente « *ouvrier peintre verrier*. » Il épousa Jeanne-Eugénier Chartier le surlendemain, à Bordeaux. Ses fils furent ses successeurs : Maurice (1870-1951), Charles (1876-1938), Victor (1879-1925). Sa fille Marthe Marie épousa Albert Borel, également entré dans la carrière. Ils continueront à utiliser « la marque » GP Dagrant... jusqu'en 1972.

Ste Croix, 1890. Le donateur est souvent noté en bas des vitraux. Ici : *Mgr Grimardias, évêque de Cahors*.
Une étonnante vie lotoise : Jean-Gabriel Perboyre, né le 6 janvier 1802 à Mongesty, crucifié en Chine le 11 septembre 1840, canonisé par Jean-Paul II en 1996.

Sauzet, 1914.

La forte représentation de Jeanne d'Arc sur nos terres proviendrait-elle d'un profond ressentiment quercynois envers les anglais... à cette époque ?
Elle fut béatifiée uniquement en 1909 puis canonisée en 1920...

Cazals

J'ai une tendresse particulière pour St Antoine, l'Égyptien, avec ou sans son cochon...

Dagrant. C'est à Bayonne, où ses parents "étaient propriétaires", qu'il créa son premier atelier. Il en ouvrit un second à Bordeaux, en 1873, 7 cours Saint-Jean, dans un immeuble acheté par sa belle-mère.

Concots

Sainte Germaine... de Pibrac, un village près de Toulouse où elle serait née en 1579. Morte à 22 ans...

Douelle

Dans le Lot, nous avons entendu parler de Mirza mais qui connaît Zachée ? Le Zachée de l'évangile serait celui de Roc-Amadour...

Dagrant. Élément en apparence futile, anodin et dérisoire : en 1889, un jugement du tribunal d'instance de Bordeaux autorisa le maître-verrier à modifier l'orthographe de son nom et à remplacer le **d** final par un **t**, pour s'appeler Dagrant (A.M.Bx 1 E 346 n°1043 bis)... mais l'ancienne orthographe sera encore fréquemment utilisée pour sa signature des vitraux...

Louis-Victor Gesta

Dans "le temple du christianisme lotois", Rocamadour, Louis-Victor Gesta, né le 26 septembre 1828 à Toulouse, a remporté le contrat, en 1879.
Victor-Louis Fabre, enfant naturel, dont la mère épousa le 7 août 1835 un "fondeur de caractères", Gesta... Élève de l'École des beaux-arts de Toulouse, une bourse du conseil général lui permettait de se former à l'École centrale des arts et manufactures de Paris. Il y rencontre le peintre Ernest Lami de Nozan (1801-1877), directeur du télégraphe optique Chappe à Toulouse de 1835 à 1853, homme s'intéressant à la peinture sur verre, introducteur de l'art du vitrail à Toulouse.

Saint-François d'Assise, à Lugagnac, 1877

Saint Pierre, reconnaissable à ses clés, à Vidaillac, 1876

Puy l'Évêque : lancette "Gesta style" avec un, deux ou quatre personnages en buste, suivant la hauteur de la verrière et le nombre de dessins intermédiaires.

Assier.

Jacques et sa coquille à Labastide-Murat.

Assier.

Agnès également possède un mouton.

Louis-Victor Gesta travaille chez le maître-verrier Artigue puis s'établit à son compte. En 1852, il installe son "grand atelier" rue du Faubourg Arnaud-Bernard (actuelle avenue Honoré-Serres) à Toulouse.

Le 22 juin 1859, il épousa Joséphine Marie Naves, décédée à 35 ans en 1873. Ils auront trois garçons nés et décédés à Toulouse, des peintres verriers, Henri (13 mars 1864 - 6 janvier 1938), Louis (29 mars 1866 - 5 avril 1938), auteurs de verrières à Teyssieu, et Gabriel (11 mai 1862-1940).

Pern. L'important, c'était déjà la rose. Mais mystique.

Selon les rares informations présentes sur internet, en 1890 il aurait cessé son activité, des notes le prétendent alors en grandes difficultés financières. Il dut se séparer de ses collections et du "château des Verreries", demeure néo-gothique construite au temps de sa gloire. Il meurt le 6 septembre 1894 à Toulouse.
Mais comme en témoignent les œuvres de Teyssieu et la facture "Aux Arts Religieux" *Henri Louis Victor Gesta Fils* de 1934, l'activité a continué...

Louis-Victor Gesta déclara... dans un dépliant publicitaire... avoir réalisé des vitraux pour 7000 à 8500 églises... Chiffre à comparer *avec* Dagrant : « *À la fin du XIXe siècle l'entreprise est à son apogée et occupe une cinquantaine d'ouvriers [...] sa production est considérable [...] environ 3 000 édifices religieux et France et à l'étranger.* » (Jean-Jacques Michaud, *Recherche biographique sur les peintres verriers bordelais à l'époque contemporaine*)

L-V Gesta, Teyssieu, 1886

Henri Gesta, Teyssieu, 1923.

Louis Gesta, Teyssieu, non daté.

On retrouve Henri Gesta de 1929 à Caillac.

Henri Gesta 1930, Caillac.
Il faut visiter l'église de Caillac ! Vous y découvrirez également du Dagrant et Creunier. Quant au cimetière, on y entre "par hasard", et on n'en sort pas forcément indemne.

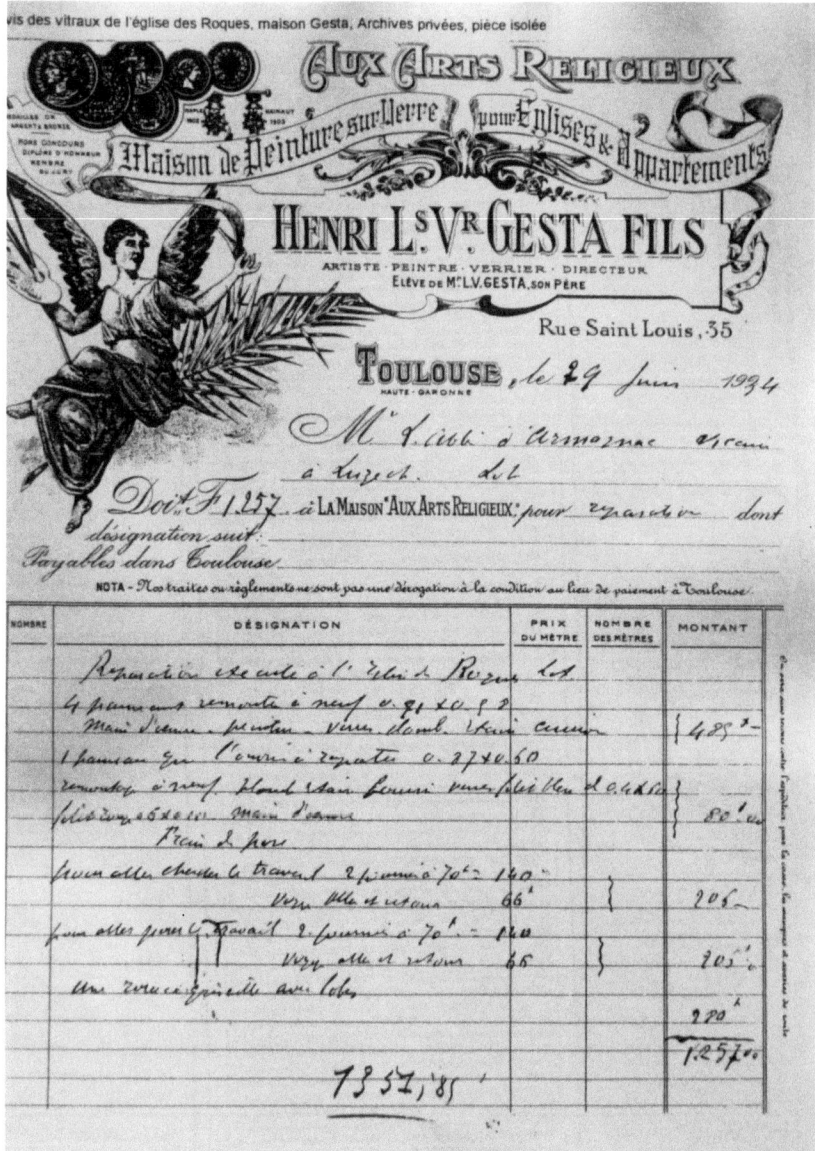

Saint-Blancat

Fontanes, 1924. Il signait St Blancat... Au premier abord, on peut croire qu'il s'agissait du nom du Saint représenté !

Avec H. Moulenc, Labastide du vert, 1935. Jean-Louis-Antoine Saint-Blancat, dit Louis, né et mort à Toulouse le 2 septembre 1842, puis le 10 juin 1930. Presque 88 !

Avec un peu d'habitude, on peut déchiffrer de l'extérieur, à l'envers, le nom du maître-verrier. Ici St Blancat, à Bio, église fermée.

Fontanes, découverte de "St Clair Martyr à Lectoure." Un vitrail brisé mais pas dans une tête ! Clair d'Aquitaine, ou d'Albi, premier évêque de cette ville... Aucun document retrouvé... Donc des légendes... Il serait venu d'Afrique...

Le bourg. Je découvre Bertrand de Comminges. Le Gers est si loin, il y est né, à L'Isle-Jourdain, vers 1050, mort à Lugdunum Convenarum (Comminges) en 1123, évêque. Un notable lié à la famille des comtes de Toulouse, (cousin de Guillaume IV et Raymond IV de Saint-Gilles). Honorius III l'aurait canonisé entre 1220 et 1222... aucun document ne l'atteste...

Jeanne d'Arc. Avec en dessous un texte ignoré dans le monde du net...

Jeanne d'Arc est-elle passée par Rocamadour ? Catherine Marlas, nouvelle adjointe au patrimoine, et Catherine Prunet, aux sports (et sûrement accessoirement, à la "culture", car elle me répondait le 10 décembre, oui 2015 « *Je n'ai pas le plaisir de vous connaître, ni votre travail* » ; je ne pouvais pas me priver d'immédiatement immortaliser ce magistral constat des difficultés lotoises d'un écrivain non inféodé, indépendant donc) se le demandent sûrement à chaque rencontre. Quant à Serge Rigal, il y pense en se rasant ? La *Vie Quercynoise* nous apportera peut-être des informations.

Louis Saint-Blancat a collaboré avec plusieurs peintres et cartonniers toulousains : Bernard Benezet (1835-1897), Paul Chalons (1840-vers 1903) dont les noms apparaissent parfois sur les vitraux.

En 1880, il ouvrait son atelier... qu'il dirigera durant 50 ans. Dans les églises du Lot, c'est au début du XXe qu'on le découvre... En 1933, l'atelier fut repris sous le nom "Daint-Blancat-Moulenc", il devint ensuite "Saint-Blancat-Delombre", jusqu'à l'arrêt vers 1950.

Cahors... "vitraux modernes" à la cathédrale

31 candidats et Gérard Collin-Thiébaut a gagné le gros lot. Associé à l'atelier Parot, de Bourgogne.
Le programme iconographique fut élaboré "en concertation" avec le clergé mais il faudrait un jour élucider ce mystère...
« *Ce projet, estimé à 400 000 euros, intégralement financé par l'état, durera deux ans, jusqu'en 2012* » a-t-on pu lire sur des panneaux officiels.
Puis il y eut les travaux avec noté « 580 000 euros », financés à 100% par l'état.
Selon le communiqué officiel : « *Le projet concernait 90 m2 de vitraux, répartis dans les deux travées de la nef, soit onze baies organisées en quatre groupes représentant chaque Évangéliste : Matthieu, Marc, Luc et Jean. Trois sont composés de trois baies, le quatrième est composé d'une rosace et d'une baie simple.*
La proposition de Gérard Collin-Thiébaut affirme un parti pris figuratif afin de retrouver le mécanisme primitif de la lecture et de renouer avec la fonction pédagogique des vitraux.
L'originalité du projet réside dans les emprunts iconographiques utilisés par l'artiste. Des images tirées de tableaux, de fresques, de photogrammes et de photographies ont été superposées, juxtaposées sur chacune des baies. Jouant avec le chevauchement des images, les décalages des lignes et les strates de couleurs, ces images, parfois nettes ou pixelisées, appellent à être décryptées par le spectateur. »
Puis : « *d'un coût de 580 000 €, le projet a été financé par l'État avec le concours de la Fondation d'entreprise GDF SUEZ pour un mécénat de 80 000 €.* »
Qui a décidé de débloquer une telle somme pour un travail tellement contestable ? Qui a sélectionné l'heureux lauréat ? Des projets plus raisonnables me semblent pourtant avoir été proposés.

"*Gérard Collin-Thiébaut est un artiste français, né en 1946 à Lièpvre. Il vit et travaille à Besançon et à Vuillafans, dans le Doubs.*" Selon wikipedia.org. Il semble surtout être un notable. Ses créations dans ce domaine se limitent à Cahors et "*Vitraux transept Nord, Cathédrale de Tours*" ! ?

Si l'on retient ces 580 000 euros pour 90 m2 de vitraux, quelle valeur atteignent ceux de nos 900 églises ?

L'époque est au kitch. Une sculpture de Marc Petit interpelle sur la place Clément Marot, face au portail nord de la cathédrale. Sa longue tête "moderne" semble observer les vitraux "modernes".
La mairie de Cahors a accepté le don de cette œuvre.
D'abord une galerie s'est ouverte (elle est déjà fermée) à l'angle de cette place. Elle a demandé l'autorisation, pour l'une de ses rares expositions, d'utiliser l'espace public pour un bronze gigantesque "*L'Ange du Lazaret*"... puis une association d'amis s'est créée pour essayer d'obtenir 150 000 euros des cadurciens... Ramenés à 80 000. Cette structure entrait dans le cadre de « *la mise en valeur du patrimoine artistique* », ouvrait droit à une réduction d'impôts pour les dons... Ainsi, sans que cela leur coûte vraiment, des riches semblent avoir réussi à imposer ce truc invendable de leur ami, cette *Marianne d'agonie*, sur l'un des espaces historiques les plus fréquentés de la ville ! À la fin le contribuable paye et les « *agents ou galeries d'art* » peuvent sourire... Il existe des "bons plans" et des élus complices. On en est là. Affligeant. Et pourtant, il faut continuer... sinon... on s'arrête... (relisez ce soir)

Les mystères de Cahors

Découvrant ce visage de Jean-Gabriel Perboyre en l'église St-Urcisse de Cahors j'ai naturellement interrogé le service du Patrimoine de la ville qui m'a répondu ne pas connaître le maître-verrier l'ayant réalisé, et ceux du département, dont le silence fut significatif.

L'église Saint-Barthélemy, classée par l'arrêté du 28 novembre 1933 aux Monuments Historiques, fermée au public... Il faut surveiller les offices pour s'y rendre... Vitraux non signés... maître-verrier inconnu !

Même sans s'être familiarisé à ses créations, "Sanctus Joannas", ici à sauver à Lebreil, banlieue de Montcuq au 1er janvier 2016, est un classique de LV Gesta.

Dans "*Le Martyr et Saint du 11 septembre : Jean-Gabriel Perboyre*" j'explique la manière dont le nom du peintre-verrier intervenu à la fin du dix-neuvième siècle en l'église St-Urcisse, me fut "révélé" : Joseph Broué. "Actif de 1888 à 1900." Adresse de l'atelier : 133 rue Gasseras à Montauban. Il était associé avec Jean Gibert... Il reste d'autres enquêtes cadurciennes à mener...

Elle est ouverte lors d'inhumations... J'y suis entré une fois... Rue Victor Lafage, Notre-Dame du Pont Vieux.

Cahors. Rue de la chartreuse. Quelle est l'utilisation de cette église ? Je fus autorisé à y entrer...

Le plus souvent, quand la personne possédant les clés est visible, elle prend le temps de m'accorder la possibilité de photographier...

Cahors. Rue de la chartreuse.

Charles Champigneulle

Naturellement, je me devais de rendre hommage à ma ministre, celle de la Culture. L'atelier de Charles Champigneulle a travaillé pour l'église de Gramat.

Gramat. Jean Gabriel Perboyre fut prêtre de la Mission de Saint Vincent de Paul, Lazariste. Une cohérence... Il s'agit sûrement de Champigneulle Charles Marie (18 juin 1880 Paris - 30 juin 1908 Paris), peintre-verrier, fils de Louis Charles Marie Champigneulle (industriel) et père de Jacques Charles Champigneulle, peintre-verrier.

Gramat. De nombreuses statues de St Antoine de Padoue existent mais les vitraux sont rares dans nos églises.

St Éloi, les agriculteurs de mon enfance le fêtaient.

Jean Besseyrias

Cazals, de 1876. Par Jean Besseyrias, de Périgueux (1849, Ambert, Puy-de-Dôme - après 1939)
Comme Joseph Villiet, il fut formé par Émile Thibaud.

Charlemagne

St Cyprien, en 1869. Charlemagne, Auguste (1822 Montauban - 1885). Actif à Toulouse de 1862 à 1879.

Charles Lorin

À Saint Martin Labouval
Charles Lorin, Chartres 1909

Charles Lorin (1874-1940)
"Actif de 1901 à 1940."

À Saint Martin Labouval
Charles Lorin, Chartres 1909

Amédée Berges

Fontanes. Amédée Berges, de Toulouse. "Actif de 1857 à 1921." Sa production la plus connue semble être celle l'église de Lardenne dans l'ouest Toulousain, aux vitraux victimes de l'incident AZF en 2001. Vu à Figeac.

Francis Chigot

Unique Chigot (13 octobre 1879 à Limoges - 1960), "actif de 1900 à 1956", du département. Peut-être ! Un gigot de 1928, de Rocamadour. Un photographe ami de Gérard Miquel aurait peut-être obtenu le retrait des éléments perturbateurs.

Les Junies

Les Junies... le village... et ses vitraux du quatorzième siècle (commandés par la famille de Jean).

Des vitraux naturellement plusieurs fois restaurés, la dernière en 2007 par l'atelier d'Anne Pinto (Charente).

La famille de Jean : Gaucelme, cardinal, fondateur du fief et de l'église, mort en 1348 ; Philippe, chevalier, neveu et héritier de Gaucelme, décédé en 1355, et Gisbert, évêque de Carcassonne.

Scènes de guerre... 14-18...

Montcuq. Église Saint-Privat, en 1919.

"G.P Dagrant" apparaît encore sur ce vitrail. Le maître-verrier est décédé en 1915...
Les vitraux dédiés à la « première guerre mondiale » sont rares. Deux blessures nécessiteraient une intervention. Un projet du « grand Montcuq » ?

Fontanes. De 1924. Par St-Blancat.

À Comiac où Dagrant réalisa de nombreux vitraux. Mais sûrement pas celui-ci, au dessus de la porte d'entrée.

Mon cher Gustave-Pierre... L'envie de photographier des vitraux m'est venue face à ses œuvres... Il porta son art au-delà des frontières : l'Italie (peintre-verrier de la basilique Saint-Pierre de Rome), l'Amérique du Sud (la basilique de Lujan en Argentine ; les plafonds en verrières de la Chambre des Représentants du Sénat de Bogota en Colombie...)
L'entreprise laissée à ses enfants, comme celles de ses concurrents, a vivoté au vingtième siècle : la loi de Séparation des Églises et de l'État puis la Première Guerre Mondiale furent fatales à cet art... Les tarifs du troisième millénaire semblent déraisonnables... 6000 euros pour réparer un vitrail caillassé ?

Page précédente :
à Limogne-en-Quercy,
par St Blancat.

Protéger les vitraux ?

Certes, un grillage de protection extérieure gêne parfois le passage de la lumière... Mais l'absence de grillage (la discrétion existe) semble une provocation aux lanceurs de cailloux de toutes revendications ou bêtises...
Quand la banlieue descendra sur nos villages, que restera-t-il de nos vitraux ?
Il s'agit d'œuvres d'art... Au même titre... que les portraits des rois et autres de la noblesse. Protégez-les... Un "modeste grillage" évite déjà de nombreux dommages...

Un Gesta non signé caillassé.

Saint Ludovic

Alain Creunier

2007, Saint-Vincent-Rive-d'Olt

Saint Jacques, une réalisation de 1983 pour une chapelle alors sauvée, du territoire de Fargues.

Rudelle. 1994. Alain Creunier, né le 5 mai 1952 ?
Jeanne et Alain Creunier. Un travail de couple, diplômés ENSAAMA, BTS de plasticien. 1977 : Création de l'atelier à Paris, rue Jules Guesdes. 1979 : Installation lotoise à Anglars-Juillac. Déménagement à Albas en 88.

Bagat. 1989. Où l'on retrouve notre voisine Germaine.

Jean Gibert

Saillac. 1880.

Cézac.

Où l'on retrouve notre saint lotois... avec une tunique mauve... Alors que sa tunique rouge lui fut retirée avant sa mise au gibet...
Jean Gibert : décédé le 7 octobre 1896 à Montauban. "Cité de 1870 à 1896 ; actif de 1878 à 1894". Associé : Joseph Broué.

Les frères Périé

Figeac, église notre Dame du Puy, 1886.

1886. Pour l'église notre Dame du Puy, les gars de Figeac sont allés chercher Périé Frères, du Puy-en-Velay, la préfecture de la Haute-Loire, en Auvergne. Si la notion de région a encore un sens en 2016.

Le Saint des écrivains

Puy-l'Évêque. 1875. Par Dagrant. À sauver.

Saint-Blancat et Moulenc à Labastide-du-vert, 1935.
Si l'on m'avait demandé mon avis, j'aurais proclamé Saint-François d'Assise "saint Patron" des écrivains. Quel ne fut...

LV Gesta à Labastide-Murat. Quel ne fut pas mon étonnement en cherchant si quelqu'un avait déjà eu cette idée, de découvrir St-François Patron des écrivains ! Le trouble passé, il s'agit de St-François de Sales, également Saint patron des journalistes. Comment peut-on être saint patron de riches et de pauvres ? Certes, il y a également des écrivains riches. Et le temps des journalistes pauvres reviendra ?

Les frères Mauméjean

Arcambal. Par Mauméjean Frères "Paris Hendaye"... avant le 4 mars 1930, car offert par "Mme Marie Antoinette Lacroux-Lacoste Baronne de Gouttes-Lagrave"...

Étienne Thevenot

1844 Rocamadour. Maître-verrier et inspecteur des monuments historiques, Étienne-Hormidas Thevenot (1797-1862) ouvrait en 1837 son atelier de peintre-verrier et avec Émile Thibaud restaurait les vitraux du XIIIe siècle de la cathédrale de Clermont-Ferrand, tout en rédigeant un essai sur la peinture sur verre.

J. Lacoste

Lacoste, J. De Cahors. Même la base historique de culture.gouv.fr ignore son prénom. Peintre-verrier "*actif en 1858*". Il l'était également en 1956 : un petit mausolée du cimetière derrière les remparts en témoigne.

Non signés... non identifiés

Un coq naturellement gaulois à Cahors, rue des Jacobins. Une église ouverte lors des journées du Patrimoine.

En l'église St-Urcisse de Cahors, Joseph Broué n'a pas réalisé l'ensemble des vitraux. Certains semblent plus anciens...

Anglars : don de l'association « de la bonne mort », en 1890.

Sauzet. Dans la même église, des vitraux réalisés par Dagrant, dont un de 1916.

Figeac, église Notre Dame du Puy. Trois ateliers identifiés : Amédée Berges, les frères Périé et L.V. Gesta. Mais au moins un quatrième est intervenu, pour Clémentine.

Fontanes. Peut-être Blancat...
Les rosaces sont rarement signées, ce qui complique souvent l'identification...

Dans un minuscule opuscule du Conseil Général, Saint Cirq Lapopie figure dans l'escarcelle Gesta. Ne leur demandons pas des prénoms ! Vitraux non signés. Ayant constaté des erreurs, je ne peux naturellement pas corroborer cette attribution, même si le style le suggère, mais avec une restauration récente alors...

Cézac, église St-Martin. Mgr Grimardias, évêque de Cahors de 1869 à 1896 ! Il a offert de nombreux vitraux dans nos villages...

Les représentations de Pie IX sont moins rares... L.V. Gesta à Puy l'évêque... Mais ne m'ont pas permis d'identifier l'atelier ayant œuvré à Cézac, une commune de la communauté de communes du Quercy Blanc...

Combat d'ateliers ?

Assier, L.-V. Gesta.

Mercuès, Henri Feur.

Finir en chansons... Sainte Cécile

Puy l'Évêque, L.-V. Gesta.

Figeac, 1872, Joseph Villiet. Sainte Cécile, patronne des musiciens... Alors qu'elle ne fut même pas membre de la sacem (lire : *la sacem ? une oligarchie !*) et... elle serait morte vierge... Henri Feur a racheté les cartons de son maître... Je vous encourage à vous arrêter dans le Tarn-et-Garonne (ou acheter « *Montaigu de Quercy, en couleurs* ») pour admirer son "amélioration"...

Ce livre est cher, en papier

J'avais interpellé, début 2012, Monsieur le 6ème vice-président du Conseil Général : « Vous êtes chargé de la culture, du patrimoine et des usages informatiques, et qui plus est avez participé au livre *Archives de pierre les églises du Moyen âge dans le Lot*. Vous connaissez donc parfaitement le sujet sur lequel je me permets de vous questionner.

Ce livre *Archives de pierre les églises du Moyen âge dans le Lot*, qui semble intéressant dans sa présentation officielle, est spécifié "*fruit des six années d'inventaire et études scientifiques de l'architecture médiévale du département, menés depuis 2005 par le Conseil général du Lot et la Région Midi-Pyrénées dans le cadre de l'Inventaire général du patrimoine culturel, avec la collaboration de l'Université Toulouse-Le Mirail.*"

Ce livre est spécifié "*coécrit sous la direction de Nicolas Bru, conservateur des Antiquités et Objets d'Art, par Gilles Séraphin, architecte du Patrimoine, Maurice Scellès, conservateur en chef du Patrimoine, Virginie Czerniak, maître de conférences en histoire de l'art, Sylvie Decottignies, ingénieur d'études, et Gérard Amigues, vice-président du Conseil général.*"

J'ai aussi lu la page 25 de "Contact Lotois", entièrement dédiée à sa publicité.

Et pourtant, je n'en ai trouvé aucune version numérique gratuite.

Toute recherche payée avec l'argent public devrait désormais conduire à une publication gratuite en ebook. (…)

Il me semble "surprenant" mais surtout anachronique, que le département offre aux éditions Silvana Editoriale (plus un imprimeur lotois ?) et aux libraires, la possibilité de se partager la majeure partie des 39 euros de cet ouvrage. Pas vous ? »

La réponse de Monsieur Gérard Amigues eut le grand mérite de la clarté : la « *publication a été confiée à un éditeur spécialisé, sous la forme d'un pré-achat lui assurant la viabilité économique du projet. Les auteurs ont été rémunérés dans le cadre de leurs fonctions générales pour les institutions qui les emploient, et non spécifiquement pour la rédaction de l'ouvrage : ils ont concédé leurs droits d'auteurs payants, ce qui a permis de baisser le prix de vente unitaire au profit de l'acheteur.* »
Oui, cet élu a bien noté au profit de l'acheteur, et non de l'éditeur, et non des libraires. 39 euros, aucun droit d'auteur à payer, un pré-achat par le Conseil Général du Lot ! Un éditeur bien engraissé ! Et des libraires ont touché une rondelette somme !
J'ai naturellement cherché le nombre d'exemplaires du « *pré-achat.* » Le premier tirage semble avoir été : 2000.

J'ai finalement acheté d'occasion ce livre, à 20 euros frais d'envois compris. Pour constater qu'en guise de « *six années d'inventaire et études scientifiques* », il s'est agit pour les "auteurs" de principalement compulser le travail de l'abbé Clary, de 1986. Certes, ils se sont baladés dans le département pour des photographies d'une banalité effarante. Ils furent payés par le département... comme l'éditeur ! Ainsi, il est possible de vendre un beau livre de 320 pages en grand format à "seulement" 39 euros.

Quant à moi, sans aide ni subvention, pas même une bourse du Centre Régional des Lettres (le statut d'auteur-éditeur en profession libérale ne plaisant pas à ces gens-là, voraces d'argent public prélevé au compte culture), de manière artisanale, je vous propose un tarif englobant l'ensemble des frais de réalisation. Oui, un livre en couleur coûte cher à fabriquer...

Labastide du vert. Le curé d'Ars. Par Dagrant.
Alors que Blancat sera chargé des vitraux de la Nef en 1935 (St François de Sales, Saint Vincent de Paul...) Dagrant réalisa le chœur en 1911. Le curé d'Ars, saint patron des prêtres. Sa présence s'imposait.

Auteur

Né en 1968, il publie depuis 1991, d'abord sous son nom de naissance puis sous divers pseudonymes, éditeur indépendant depuis son premier livre.

Dès 2004, il a proposé des livres numériques, en PDF. Mais c'est en 2011 seulement que les ventes dématérialisées ont démarré. Son catalogue numérique (depuis mi 2011 distribué par *Immateriel*) a ainsi rapidement dépassé celui du papier, grâce à des essais, des livres de photos... tout en continuant la lente écriture dans les domaines du théâtre et du roman. Depuis octobre 2013, et son « identifiant fiscal aux États-Unis », son catalogue papier tend à rattraper celui en pixels.

Il convient donc de nouveau d'aborder l'auteur sous le biais de l'œuvre. Ainsi, pour vous y retrouver, http://www.ecrivain.pro essaye de fournir une vue globale. Et chaque domaine bénéficie de sites au nom approprié :
http://www.romancier.org
http://www.parolier.org

http://www.essayiste.net

http://www.dramaturge.fr
http://www.lotois.fr

Vous pouvez légitimement vous demander pourquoi un auteur avec un tel catalogue ne bénéficie d'aucune visibilité dans les médias traditionnels. L'écriture est une chose, se faire des amis utiles une autre ! Avec le temps, peut-être...

Mentions légales

Tous droits de traduction, de reproduction, d'utilisation, d'interprétation et d'adaptation réservés pour tous pays, pour toutes planètes, pour tous univers.

Site officiel : http://www.ecrivain.pro

Dépôt légal à la publication au format ebook du 17 décembre 2015.

Imprimé par CreateSpace, An Amazon.com Company pour le compte de l'auteur-éditeur indépendant **livrepapier.com.**

ISBN 978-2-36541-707-5
EAN 9782365417075
Vitraux lotois de Stéphane Ternoise
© **Jean-Luc PETIT - BP 17 - 46800 Montcuq France**

www.ingramcontent.com/pod-product-compliance
Lightning Source LLC
Chambersburg PA
CBHW040926190426

43197CB00033B/105